NÉCROLOGIE

DE

M. LE BARON DE BALSAC

NÉCROLOGIE

DE

M. LE BARON DE BALSAC

La province de Haute-Guyenne, pays de tout temps signalé par ses fortes générations, vient de perdre un de ses hommes les plus distingués.

Le baron de Balsac, parvenu à sa quatre-vingt-treizième année, est mort le 3 mars 1880 dans son château du Mazet, où il était né en août 1788.

Cette carrière presque séculaire, qui embrassa l'ère des temps les plus agités de notre histoire, fut pour lui, par cela même, la plus propre à développer et à tremper fortement sa noble et généreuse nature. Jeté de bonne heure dans le dangereux milieu des convulsions politiques, il prit dès les premiers jours, pour boussole, l'amour de la *vérité* et de la *justice;* il en eut toute sa vie cette faim et cette soif, qui est bénie dans l'Evangile, et gravita toujours vers ce pôle, sans qu'aucune obscurité pût le lui faire perdre de vue; ce fut désormais l'unique passion de sa vie publique et privée.

Appuyé sur cette attraction, il vit passer devant lui toutes les tempêtes, tous les vertiges successifs qui n'ont cessé de troubler nos destinées, sans y rien laisser de son intégrité et de sa fidélité à cette vocation.

On pourrait donner pour devise à cette constance la définition du poëte : *Justum ac tenacem...,* dans toute sa vérité, et sans crainte, pour qui l'a bien connu, qu'elle parût enflée.

Un trait des débuts de sa carrière administrative prépara bien cette longue vie de devoir et d'honneur ; qu'il nous soit permis de le placer ici.

Agé de vingt et un ans, et sous-préfet à Avignon en 1814, au moment de ce que quelques écrivains, aussi peu soucieux de vérité que de justice, n'ont pas craint d'appeler la *Terreur Blanche,* un incident fortuit vint tout d'un coup soulever une émeute populaire, au sein de cette population ardente et passionnée qui fermente au soleil des bords du Rhône.

Pour comprendre aujourd'hui ce que pouvait être cette sédition, quelques mots sont nécessaires, car les souvenirs de 1814, quelque mémorables qu'ils aient été, sont bien loin de nous, et les contemporains seuls peuvent bien les comprendre.

Prenons-les, pour les mieux faire revivre, dans la disposition des esprits à cette époque dans nos froides montagnes et parmi nos populations rurales, si lentes à s'émouvoir, et remettons sous les yeux ce qui s'y passait à la chute de l'Empire :

Dix-huit cents conscrits réfractaires, dans notre seul département, vivaient cachés dans leurs bois et dans leurs genêts, pendant que dans les dix-huit cents chaumières de leurs familles vivaient à discrétion des escouades de garnisaires, vieux soldats étrangers, se promenant de paroisse en paroisse pour y exercer ce genre de pression horrible, qui mettait les sentiments paternels et maternels à la torture, pour recruter des enfants de dix-sept ans, destinés à remplir aux armées les vides faits par le canon dans leurs rangs, mis en coupes réglées par le recrutement impérial, heureux encore lorsque les garnisaires ne tenaient pas lieu des enfants déjà morts et disparus dans le désordre des batailles, qu'on appelait du nom de glorieuses victoires.

Les contemporains seuls pourront comprendre ce que la délivrance de ce joug de fer fit éclater de transports, et ce qui couvait de ressentiment dans la fibre populaire contre cet horrible régime. — De là à des fureurs indomptables contre les oppresseurs, l'intervalle était court; une étincelle pouvait les allumer; qu'on se souvienne et qu'on compare avec les ordres de : *Flamber finances!*

L'étincelle fut à Avignon le nom du maréchal Brune, qui, par hasard, traversait cette ville; — ce qui advint, on le sait; mais ce que l'histoire[1] constate aussi, c'est l'héroïque désespoir avec lequel le jeune sous-préfet, qui représentait l'autorité royale, se jeta au-devant de l'émeute, à la tête de tout ce qu'il put recruter de gens de cœur comme lui, disputant corps à corps, au péril de sa vie, la porte assiégée par la foule, roulant ses vagues furieuses autour de l'hôtel, pour en arracher sa victime.

Si nos compatriotes, pour lesquels sont écrites ces lignes, se rappellent avoir vu, avant 1830, un ruban de la Légion d'honneur à celui qui représentait le gouvernement de la Restauration en 1814, qu'ils disent si, de nos jours, l'on conquiert mieux cette distinction?

1. *Histoire de France*, par Lamartine.

Ce jour-là fut celui d'un serment de fidélité; et celui qui le prêta a su le garder jusqu'au jour bien récent où son cœur a cessé de battre!

Des épreuves ne tardèrent pas longtemps à s'offrir à cette fidélité; 1815 apporta la première, mais les âmes n'étaient pas encore faites aux défaillances honteuses, et peu, dans l'ordre civil, trébuchèrent à cet écueil; l'éclipse fut d'ailleurs de courte durée, bien d'autres devaient survenir d'ailleurs.

Cependant, le gouvernement réparateur, auquel la Providence réservait le soin de ramener en France la liberté d'abord, puis l'ordre et la paix, s'appliquait à l'œuvre d'organisation de cette administration qui est restée le type, dont on a pu dire avec vérité qu'il nous est envié par l'Europe, et recherchait autour d'elle ceux qui s'y distinguaient par leurs services : M. de Balzac n'eut jamais recours à d'autre protection, et ce n'est pas le trait le moins distinctif de sa carrière. Ce ne fut pas cependant à l'ancienneté qu'il dut son élévation, car il n'avait que vingt-sept ans lorsqu'il fut nommé préfet à Montauban.

La *Restauration* a pris son nom de ses œuvres, et l'énergie inamissible du langage surmontera tous les dénigrements haineux dont l'esprit du mal poursuit ce qui est bon. Ce n'est point son seul critérium pour juger la valeur de son gouvernement : le degré de considération auquel elle appelle le personnel dont elle s'entoure, au jugement de l'opinion publique, n'est pas un moindre signe de son autorité morale. Il peut suffire à mesurer le *progrès* que cette époque marqua dans nos annales, et aussi à sonder l'abîme qui s'est creusé depuis sous nos pas.

Peut-on séparer aujourd'hui ce mot *progrès*, malgré l'infatuation moderne, d'un sous-entendu d'ironie? et qu'en reste-t-il pris de ce *progrès* moral, qui seul peut constituer la grandeur des nations et leur influence au dehors?

La Restauration s'en inspira pour le choix de ses ministres et de ses fonctionnaires; ce fut pour le jeune préfet de Montauban le chemin qui le conduisit d'abord à la préfecture de Beauvais; ce fut là qu'il eut la plus heureuse chance de sa vie, qui fut d'unir son existence à celle qui en a fait le charme et le bonheur pendant plus de soixante ans.

Une plus importante préfecture suivit de près ce qui aurait paru de nature à le fixer plus longtemps en Picardie, au milieu de la famille de sa femme, appartenant à la plus haute classe de cette province; mais le service du roi l'appela bientôt à Metz, en remplacement de M. de Tocqueville.

Nous devons une halte en cette ville, si française, qui a subi si douloureusement l'amputation qui l'a retranchée de notre carte, mutilée par la démence de l'Empire. Personne, en dehors de cette patriotique population, dont les deux tiers ont préféré sacrifier leurs dieux lares à leur nationalité *française,* n'a ressenti plus cruellement la mutilation de cette province que son ancien préfet de Balsac.

C'est qu'entre l'administrateur et les administrés, il s'était créé si vite des liens d'une estime réciproque et d'une gratitude mutuelle, qu'ils donnèrent aussitôt droit de cité dans le pays messin à notre Aveyronnais. La génération de ce temps passé s'est presque toute écoulée; les débris qui en restent dispersés par la conquête ont disparu, mais on trouve encore, dans la mémoire du cœur de quelques rares survivants, le souvenir de l'administration qui fit alors époque.

L'empreinte en fut telle, qu'à l'heure du changement qui appela M. de Balsac à une position plus haute, le département de la Moselle voulut se l'attacher par un lien politique en l'acclamant son député, en témoignage de sa reconnaissance.

Un souvenir, pris du temps de son administration du département de la Moselle, révélera mieux encore le caractère de l'administrateur.

Déjà, en 1822, la révolution, sous le masque du libéralisme, avait envahi la contrée ; la Moselle, représentée par sept députés, en comptait six dans les rangs de l'opposition. La situation était difficile, car non-seulement ce que l'on a appelé, ,dans la pratique moderne, d'un nom trop malsonnant pour être accolé à celui d'un préfet de cette époque, n'était pas dans les usages de la Restauration, mais tout aussi peu répondait-il au caractère de celui qui tenait en main les opérations électorales du département.

Nul ne poussait plus loin que lui le respect de la liberté des électeurs ; il en était le gardien le plus jaloux, et nul dépôt public ne lui semblait engager plus strictement son intégrité.

Le *respect* — comme l'a dit un écrivain moderne d'un nom qui en est revêtu — n'est pas celui qu'on exige pour soi, mais celui qu'on a pour les autres ; l'on pourrait ajouter : Que l'un engendre l'autre !

Tel fut le secret de l'influence que sut exercer sur les électeurs de la Moselle celui auquel ils rendirent confiance pour confiance ; et, sous cette sage influence, le département compta bientôt six députés de la droite sur sept.

Nous nous attardons trop, peut-être, sur ces souvenirs, qui sont la déposition d'un témoin, car la carrière que nous suivons devait être longue encore et féconde en événements mémorables.

Rappelé de *Metz* au ministère de l'intérieur, comme sous-secrétaire d'Etat, par le ministère Martignac, et en cette qualité à la direction générale des communes, M. de Balsac s'appliqua de suite à y préparer mûrement les sages mesures de décentralisation dont M. de Villèle avait conçu les projets, et que les sollicitudes de la politique ne lui avaient pas permis de mener à bonne fin.

Les véritables notions de *l'autorité* se conciliant avec celles de la *liberté,* ne pouvaient pas trouver d'interprète mieux disposé que ne l'était le sous-secrétaire d'Etat chargé d'en préparer la présentation.

Il se félicitait alors d'être, par ses fonctions, en dehors des questions de personnes, pour se livrer tout entier aux calmes labeurs d'une organisation qui aurait peut-être prévenu les catastrophes qui approchaient.

Sur ces entrefaites, son pays natal, pour lequel il avait un de ces profonds attachements qui confondent presque le clocher avec la famille, avait réclamé son rapatriement, et l'avait élu député de l'arrondissement de Villefranche, qui était le sien ; une dissolution, qui suivit de près la funeste adresse sortie de l'urne des 221 comme d'une nouvelle boîte de Pandore, l'avait ramené en présence de ses électeurs.

L'agitation des esprits était à son paroxysme; pour les hommes attentifs et judicieux, il était facile de voir que la révolution débordait de toutes parts : c'était en juin 1830.

Tous les efforts du libéralisme, déjà cosmopolite, s'étaient conjurés contre la réélection du candidat du gouvernement, en lui opposant un des coryphées de l'opposition, l'Alsacien Humann, qui ne prévoyait pas alors ce que le libéralisme ferait de sa province. Néanmoins, le vieux Rouergue, rallié autour de celui qui portait sa bannière, tint bon, et la victoire lui resta tout entière.

Elle devait bientôt se changer en défaite sur un plus vaste champ de bataille, dont d'autres que lui avaient la responsabilité.

Ce qu'on appela quelque temps *les Glorieuses journées de Juillet* éclatèrent à quelques jours de là, et cinquante années de bouleversements, de séditions, de massacres, de guerres, de dévastations et d'invasions de nos frontières n'ont pas encore expié ces prétendues *Glorieuses*.

L'infatuation des vainqueurs d'alors, et leurs airs de pitié affectée, n'empêchèrent pas les protestations prophétiques que firent entendre à la tribune les derniers et véritablement glorieux champions de la grande cause nationale qui venait de succomber ; nous y distinguons encore la voix du député de Villefranche mêlée à celle des meilleurs et des plus éminents orateurs, maintenant haut et ferme la devise du drapeau de sa province : *Fidèle à Dieu et au Roi.*

Il avait atteint alors l'âge de cette pleine virilité de quarante ans, qui ouvre de larges horizons à l'ambition ; il touchait aux marches des plus hautes fonctions, déjà sous-secrétaire d'État, commandeur de l'ordre de la Légion d'honneur, estimé de ses adversaires politiques qui escomptaient sa valeur pour la rallier à leur cause, qui le tentèrent même, au nom de la plus haute influence du moment ; mais il avait au cœur, avant tout, comme à son début, le culte de la justice et de la vérité ; le parjure lui faisait horreur, et il suivit le deuil de la monarchie légitime, en détournant sa tête de celle qui s'introduisait subrepticement à sa place.

Ce deuil, qui remonte aujourd'hui si loin, a duré jusqu'à son dernier jour ; courtisan de l'exil de son roi, il est resté l'homme d'un seul serment, et naguère encore, une parole venue de cet exil faisait briller une larme dans ses yeux.

Il nous reste encore, après tant de lignes, quarante ans de vie à honorer en lui, et bien des traits précieux à y recueillir; c'est un trop riche héritage pour ses compatriotes, pour qu'on puisse le laisser ainsi en chemin, d'autant mieux que désormais ils y auront leur part, car ils surent, en quelque sorte, faire violence à son éloignement des honneurs pour le rappeler dans leurs conseils par la voie de leurs suffrages.

Nous ne saurions marquer toutes les étapes d'une si longue fidélité dans les steppes des gouvernements d'usurpation cauteleuse, de bris et d'escalade, d'aventures et de corruption qui se sont accumulés comme autant de succédanés naturels de la révolution de 1830.

Disons seulement que toutes furent fécondes en leçons providentielles données aux fauteurs d'attentats contre les lois fondamentales et tutélaires de la France.

Lorsque le suffrage universel, encore vierge et non perverti par les pratiques honteuses que les corrupteurs du peuple sont parvenus à y introduire, n'obéissant qu'à son instinct naturel, s'exerça une fois dans sa sincérité, le peuple fit preuve d'un discernement qui se traduisit par l'avénement d'une assemblée entièrement monarchique.

Quelle ne sera pas la responsabilité des sophistes qui sont parvenus à corrompre, par leurs détestables simonies, cette honnêteté native, au point de faire désespérer qu'elle puisse jamais engendrer autre chose que chaos sur chaos.

Cependant, qu'il nous soit permis d'apporter ici une protestation contre cette condamnation sans rémission : Puisque la corruption est venue de ceux qui se sont faits pasteurs du peuple, le peuple peut n'avoir à attendre qu'un meilleur guide pour redevenir un peuple fidèle à Dieu et au Roi.

Quoi qu'il en soit, le premier usage qu'il fit de sa souveraineté le conduisit vers ses plus sûrs et ses meilleurs conseillers.

A leur appel, M. de Balsac sortit encore de sa retraite pour faire partie de l'Assemblée législative ; elle comptait grand nombre de ses amis. On sait comment elle fut réduite à l'impuissance, et ce n'est pas ici le lieu de le redire en détail ; il suffira de rappeler qu'un jour celui qui avait *juré* la Constitution renouvela son serment en posant la main sur son cœur, et disant que seul en France il était tenu de l'observer fidèlement.

Le lendemain, dès le matin, le *jureur* était *parjure* : la sombre nuit du 2 décembre avait été mise à profit par ses sbires, armés de fausses clefs, pour saisir dans leurs lits ceux qu'il n'avait pu corrompre, et pour tendre au-dehors leurs embûches; un coup de filet au Xe arrondissement lui livra l'âme et le cœur de l'Assemblée nationale dans la personne de plus de trois cents de ses membres formant son élite.

Les voitures cellulaires de sa police servirent, la nuit suivante, à en dégorger la caserne du quai d'Orsay, où ils avaient été parqués, pour les disperser entre Vincennes, Mazas et le Mont-Valérien.

Ce que Cromwell avait fait avec ses cavaliers têtes-rondes, Bonaparte le refaisait plus brutalement encore avec ses chasseurs d'Afrique, par un procédé renouvelé d'un souvenir de famille plus récent, pris à Fontainebleau.

Ce mode d'*invalidation* en grand devait porter ses fruits.

Disons, à l'honneur de nos représentants de l'Aveyron, que presque tous leurs noms furent inscrits au bas du décret qui flétrissait l'attentat perpétré par une insigne violation de la représentation nationale, et livrait son auteur à la vindicte des lois !

Est-il nécessaire de dire que M. de Balsac les avait ralliés autour de lui pour cet acte civique, qu'il alla expier à Vincennes, les autres à Mazas et au Mont-Valérien ?

« C'est aux pervers à trembler, et aux bons de se rassurer ! » Tel avait été le programme hypocrite proclamé pour préparer cette sombre nuit du 2 décembre, dans laquelle fut scellé, par le sang qui ruissela sur l'asphalte des boulevards, l'avénement du deuxième empire. Aussitôt, les *pervers* en liesse accoururent de toutes parts ; les simples suivirent ; la multitude fut innombrable. — Les bons se dispersèrent !

L'ère d'un nouveau Bas-Empire s'ouvrait ainsi, avec son cortége de parasites, d'affranchis, de gladiateurs et d'aventuriers de toutes sortes, recrutés dans toutes les bohèmes, et la représentation théâtrale commença ! — Le banquet qui suivit dura longtemps, et jusqu'à satiété, pour les familiers et convives ; mais, comme tout ce qui commence mal, il devait mal finir. L'issue fut celle du festin de Balthazar, qui entraîna hôtes, convives et palais dans sa ruine immense !

Encore si c'eût été la fin ; mais le châtiment n'étant sans doute pas complet, une autre répétition du même air, mieux ou plus mal joué, devait ramener encore des escalades, des pillages, des dévastations, et, pour plus de ressemblance, jusqu'à des invalidations, précédées de ce qui résumait tous les maux à la fois sous le nom de Commune.

Détournons-nous enfin de ces images si désolantes pour les cœurs français, et rentrons à la suite de celui qui fut le témoin attristé de tous ces fléaux, dans la retraite où il vécut désormais.

C'est là qu'il se voua tout entier aux intérêts de ces classes populaires qui avaient su le rechercher, pour le mettre dans tous les *conseils* de leur pays. L'observant de plus près, la population qui l'entourait ne sentit que mieux tout ce que son cœur renfermait de généreux et d'inépuisable bienveillance pour ceux qu'il appelait ses collègues et ses amis aux divers degrés de leur hiérarchie.

Ses souvenirs d'enfance et de jeunesse se retrouvaient encore pleins de fraîcheur dans ses relations, renouées après de si longues années d'éloignement.

Nul ne possédait mieux que lui le secret de la *dignité* tempérée par la *bonté*, et ne savait se rendre plus accessible, en maintenant la distinction de ses habitudes. Il en résultait un *ascendant moral* qui s'était étendu naturellement de proche en proche, et, d'une manière patriarcale, de sa famille à tout son voisinage.

La salutaire influence de cette école de *respect,* devenu si rare de nos jours, et qui se perd jusqu'au sein des familles, prévalait ici en s'appuyant sur les solides assises d'une vie irréprochable, pure de tout abus, d'une fortune, qui, sagement administrée, lui permettait de subvenir largement à toutes les œuvres généreuses, à tous les appels publics ou privés faits à la charité, pour subvenir aux [grandes et aux petites calamités, aux œuvres de propagande pour la foi, pour l'Église, sans jamais se lasser, son cœur restant toujours ouvert à toutes les souffrances dont le cri arrivait jusqu'à lui.

C'est que la rigidité d'une vertu sévère, qui semblait appartenir à l'école parlementaire de ses ancêtres, ne l'avait jamais séduit par ses doctrines, et qu'il n'avait pris à cette source que le sentiment de la charité chrétienne, en dehors duquel il était resté *l'homme d'un seul livre,* et ce livre, c'était celui *du droit administratif.* Aussi possédait-il cette science à son plus haut degré.

La mémoire de M. de Balsac vivra éternellement dans ces contrées, qui ont connu, par sa salutaire influence, le bien-être moral et la prospérité.

Si quelque chose eût pu adoucir les tristesses du temps et les sombres perspectives d'une vieillesse accablée d'infirmités, c'eût été surtout le sentiment général de reconnaissance dont son nom était entouré dans la contrée, où tout le rappellera, mais dont la manifestation la plus touchante n'a pu se produire qu'après lui.

Quelle affluence et quel recueillement dans l'enceinte de cette église, trop étroite pour contenir la foule accourue de toutes parts pour lui dire un dernier adieu ! On eût dit une famille pleurant un père vénéré et suivant son deuil jusqu'à son sépulcre à la suite de ses plus proches.

Sa mémoire y sera longtemps bénie, et la génération actuelle en transmettra le souvenir à celles qui se succéderont.

Qu'on ne calomnie donc pas ce peuple, qu'on ne le rende pas solidaire de ceux qui lui donnent leur détestable enseignement pour s'emparer de leurs destinées et les asservir; qu'on le laisse seulement à ses traditions religieuses, aux bons exemples qu'il trouve encore autour de lui ; qu'on lui laisse son Dieu et son âme au pied de la croix qu'il vénère, et à l'ombre de laquelle repose celui qui fut son bienfaiteur !

Toulouse, imprimerie Paul Privat, rue Triplère, 9. — 1879.